Les mouffettes

Texte d'Adrienne Mason

Illustrations de Nancy Gray Ogle

Texte français de Martine Faubert

J'EXPLORE

LA FAUNE

Éditions
SCHOLASTIC

Pour Noella, qui aime tout de la nature,

même ses mauvaises odeurs — A.M.

Pour Audrey Tournay — N.G.O.

Je tiens à remercier Jerry Dragoo, professeur au Museum of Southwestern Biology
de l'Université du Nouveau-Mexique, pour ses conseils d'expert
et pour la relecture de mon manuscrit.

Catalogage avant publication de
Bibliothèque et Archives Canada

Mason, Adrienne
Les mouffettes / Adrienne Mason;
illustrations de Nancy Gray Ogle;
texte français de Martine Faubert.

(J'explore la faune)
Comprend un index.
Traduction de : Skunks.
Public cible : Pour enfants de 5 à 10 ans.
ISBN 0-439-94046-X

1. Mouffettes–Ouvrages pour la jeunesse.
I. Ogle, Nancy Gray II. Faubert, Martine
III. Titre. IV. Collection.

QL737.C248M3814 2006
j599.76'8   C2005-905329-1

Conception graphique de Marie Bartholomew.

Édition publiée par les Éditions Scholastic,
175 Hillmount Road, Markham (Ontario) L6C 1Z7,
avec la permission de Kids Can Press Ltd.

5 4 3 2 1   Imprimé et relié en Chine 06 07 08 09

Sommaire

La famille des mouffettes

La mouffette est un petit animal qui vit au sol. Elle a une grosse queue touffue, et sa fourrure épaisse, d'un noir de jais, porte des marques blanches.

La mouffette est très active la nuit et, parfois, le jour aussi. On ne la voit pas facilement, mais on sent très souvent son odeur. Quand elle se sent menacée, elle lance un liquide nauséabond.

La mouffette est un mammifère. Les mammifères respirent de l'air avec leurs poumons. Ils sont poilus et donnent naissance à des petits. Ils ont le sang chaud. Autrement dit, la température de leur corps ne change pratiquement jamais, même quand celle de l'air varie.

Mouffette rayée

5

Les mouffettes d'Amérique du Nord

Quatre espèces de mouffettes vivent en Amérique du Nord : la mouffette tachetée, la mouffette rayée, la mouffette à capuchon et la mouffette à dos blanc. La femelle est toujours un peu plus petite que le mâle. Les plus grandes sont la mouffette rayée et la mouffette à dos blanc. Elles ont à peu près la taille d'un chat.

La mouffette à dos blanc a un long museau sans poils, qui ressemble au groin du cochon. Elle pèse jusqu'à 4,5 kg.

La mouffette rayée
pèse de 1,5 à 5 kg.

La mouffette tachetée
est la plus petite.
Un gros mâle pèse
environ 0,9 kg –
presque autant que
quatre pommes!

La mouffette à capuchon a de longs poils
sur la tête et la nuque. On dirait qu'elle porte
un capuchon. Elle pèse jusqu'à 1,2 kg.

L'habitat

Les mouffettes vivent en Amérique du Nord, en Amérique centrale et en Amérique du Sud. En Asie, on en trouve deux espèces très apparentées.

La mouffette vit dans toutes sortes d'habitats, dans les champs comme dans les forêts. Elle peut vivre à proximité des humains, souvent près des fermes ou même dans les villes. Elle s'installe là où elle trouve de la nourriture et un abri.

Le territoire de la mouffette, c'est l'espace dans lequel elle vit. Sa grandeur varie, suivant la quantité de nourriture qu'elle peut y trouver. Si la nourriture y est abondante, le territoire est petit, car elle n'a pas besoin d'aller très loin pour se nourrir.

La mouffette rayée est l'espèce la plus répandue en Amérique du Nord.

La mouffette rayée dans le monde

Amérique du Nord

Mouffette rayée

Le savais-tu?

Le territoire de la mouffette peut être aussi grand que 12 pâtés de maisons.

Le gîte

La mouffette a besoin d'un gîte pour se reposer et se protéger de ses ennemis. Ce peut être un terrier dans le sol, un arbre creux, un fossé, une cavité rocheuse ou un espace vide sous un bâtiment.

En été, la mouffette se choisit un gîte en surface. En hiver, dans les régions froides, elle s'installe plutôt dans un gîte souterrain, comme un vieux terrier abandonné par un autre animal ou un nouveau qu'elle aura creusé elle-même.

Le terrier de la mouffette a souvent plusieurs entrées. Elle peut ainsi entrer par un côté et ressortir par un autre. Elle utilise des feuilles et des herbes pour les cacher et aussi pour rendre son nid plus douillet.

Par temps froid, la mouffette rayée partage parfois son terrier avec d'autres mouffettes.

Mouffette rayée

Les parties du corps

La mouffette a un corps conçu pour creuser des trous et se défendre contre ses ennemis. Voici une mouffette rayée.

Les oreilles et le nez

La mouffette a l'ouïe et l'odorat très développés. Elle peut ainsi repérer ses proies, même quand elles sont sous terre.

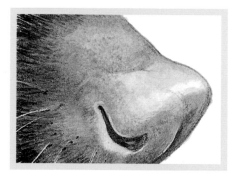

La mouffette à dos blanc a le museau recouvert d'une épaisse couche de peau. Elle s'en sert pour repérer les insectes dans le sol, puis pour les déterrer.

Les dents

Ses petites dents pointues lui servent à saisir ses proies puis à les broyer.

Les griffes

Avec ses longues griffes recourbées, elle creuse son terrier ou elle cherche sa nourriture, par exemple des insectes.

Les yeux

La mouffette a une bonne vue de près, mais elle ne voit pas bien les objets qui sont loin.

Le pelage

À la surface, de longs poils lisses, appelés les « jarres », forment une couche imperméable. Dessous, contre la peau, une couche de poils courts et laineux, appelée le sous-poil, la protège du froid.

La queue

La longue queue touffue se dresse pour avertir les ennemis de ne pas approcher.

Les pattes

La peau épaisse des pattes constitue une protection contre les coupures et les piqûres d'insectes, notamment de guêpes.

Les glandes anales

Deux glandes sous la queue renferment un liquide huileux qui sent très fort. Elles débouchent à l'extérieur par une sorte de petit gicleur. La mouffette lance ce liquide quand elle se sent menacée.

Les moyens de défense

Les ennemis, ou prédateurs, de la mouffette sont les lynx, les chiens, les renards, les coyotes, les blaireaux et les oiseaux de proie (aigles et hiboux). Pour se défendre, elle leur lance son liquide nauséabond.

Mais avant, elle essaie de leur faire peur. Elle commence par s'écraser sur ses pattes, faire le dos rond et gratter le sol avec ses griffes. Si cela ne suffit pas, elle se met à siffler et à claquer des dents, et elle redresse la queue en signe d'avertissement.

Juste avant de lancer son liquide, son corps prend la forme d'un U, la tête et l'arrière-train tournés vers l'ennemi. Elle vise la face de l'animal, et son jet peut atteindre 4,5 m de longueur. Le liquide sort sous forme de jet ou de fines gouttelettes. En plus de sentir très mauvais, ce liquide aveugle l'ennemi.

Le pelage noir et blanc de la mouffette sert d'avertissement à ses ennemis. Ils savent que, s'ils approchent, elle va les arroser de son liquide.

Mouffette rayée

Avant de lancer son liquide nauséabond, la mouffette tachetée se dresse sur ses pattes avant.

15

La manière de se déplacer

La mouffette marche lentement en se dandinant sur ses courtes pattes. Elle peut aussi courir sur de petites distances afin d'échapper à un prédateur ou pour attraper une proie qui court vite, comme une souris ou un lézard.

La mouffette est capable de se retourner très vite, ceci pour effrayer un ennemi en lui montrant sa queue dressée dans les airs.

La mouffette tachetée grimpe très bien aux arbres. Elle va y chercher sa nourriture.

La mouffette n'aime pas l'eau, mais elle peut nager si c'est nécessaire.

Mouffette à capuchon

17

L'alimentation

La mouffette est omnivore, car elle se nourrit à la fois de plantes et d'animaux.

La mouffette mange des fruits, des légumes, des herbes et même des cactus. Elle se nourrit aussi de souris, de lézards, d'oiseaux et de nombreux insectes, comme la sauterelle, le grillon, la fourmi et le perce-oreille. Elle peut même attraper des poissons. Elle mange aussi des charognes, c'est-à-dire des animaux morts.

L'alimentation de la mouffette varie au cours de l'année, suivant ce qui est disponible. Au printemps, elle mange des petits mammifères, comme des souris, et aussi des oiseaux et des œufs. À la fin de l'été et à l'automne, elle mange beaucoup d'insectes, de plantes et de fruits. Pendant l'hiver, elle mange très peu.

Mouffette tachetée

19

La recherche de la nourriture

La mouffette se nourrit généralement la nuit. Elle repère ses proies grâce à son ouïe et à son odorat, qui sont très développés. Puis elle les suit jusqu'au moment où elle pourra bondir pour les attraper. Elle peut ainsi chasser des animaux qui courent très vite, comme les lapins ou les souris.

Elle peut aussi manger des abeilles et des guêpes. Elle tue ces insectes piqueurs en les faisant rouler entre les coussinets de ses pattes. Elle fait de même avec les chenilles afin d'en enlever les épines avant de les manger.

La mouffette est une grande chasseuse d'insectes. Avec ses longues griffes, elle les cherche en creusant dans le sol ou dans une bûche, ou encore en arrachant tout un coin de gazon.

Pour casser un œuf et le manger, la mouffette le lance entre ses pattes jusqu'à ce qu'il se brise.

Mouffette à dos blanc

21

La naissance

Les petits de la mouffette naissent généralement au printemps. La maman peut avoir de un à douze petits par portée. Il lui arrive d'avoir deux portées dans la même année. Le papa ne s'occupe pas des petits.

À la naissance, les petits ont les yeux fermés et très peu de poils.

Les nouveau-nés boivent le lait de leur maman. Ils ne s'éloignent jamais d'elle et se blottissent tout contre elle, où ils se sentent au chaud et en sécurité. Si la maman décide de les déplacer, elle les saisit entre ses dents par la peau du cou. Comme cette peau est très lâche, cela ne peut pas leur faire mal.

Les petits sécrètent du liquide nauséabond dès l'âge de trois jours.

Les nouveau-nés ont très peu de poils, mais on distingue déjà les rayures ou les taches en blanc et noir sur leur dos.

Les nouveau-nés sont si petits que tu pourrais en tenir deux dans le creux de ta main.

23

La croissance et l'apprentissage

Les petites mouffettes grandissent vite. À l'âge d'une semaine, leur poids a déjà doublé. Et durant leur premier mois de vie, leurs yeux s'ouvrent et leur pelage pousse complètement. À environ six semaines, les petits jouent à l'intérieur du terrier et ne se nourrissent plus du lait maternel.

La maman montre à ses petits comment chasser et comment creuser pour trouver de la nourriture. Pour apprendre, ils suivent leur mère et imitent tout ce qu'elle fait.

À trois mois, les petits ont presque fini de grandir. Ils savent trouver leur nourriture et se défendre en lançant leur liquide nauséabond.

À l'automne, la plupart des jeunes quittent leur mère.

Les jeunes, comme ces mouffettes
tachetées, suivent leur mère
à la queue leu leu.

Les mouffettes et les humains

La mouffette vit souvent près des humains, car elle trouve facilement de la nourriture et un gîte à proximité des fermes et des villes. Mais c'est souvent dangereux pour elle. Comme elle est active la nuit et qu'elle marche lentement, elle se fait parfois heurter dans la rue ou sur la route.

Bien des gens n'aiment pas les mouffettes à cause de leur puanteur et, aussi, parce qu'elles peuvent manger des oiseaux ou leurs œufs, et les fruits et les légumes des jardins. Mais elles sont utiles aux humains, car elles mangent des animaux nuisibles, comme les insectes, les rats et les souris.

Les gens gardent parfois une mouffette chez eux, après lui avoir fait enlever les glandes anales. Mais ce n'est pas un bon animal de compagnie et, souvent, il est interdit d'en avoir chez soi.

Dans certaines régions, à l'aide de programmes de protection de la nature, on essaie de montrer aux gens l'importance des mouffettes qui vivent à l'état sauvage.

Mouffettes rayées

Les mouffettes dans le monde

La famille des mouffettes comprend les mouffettes proprement dites et aussi les blaireaux d'Asie, entre autres. Voici quelques-unes des espèces qu'on rencontre dans le monde.

Amérique du Nord

Mouffette (ou conépate)
à dos blanc

Mouffette
tachetée naine

Mouffette tachetée

Mouffette rayée

Mouffette à capuchon

Mouffette tachetée du Texas

Conépate rayé

Mouffette tachetée
du Sud

Conépate
de Patagonie

Conépate d'Amérique du Sud

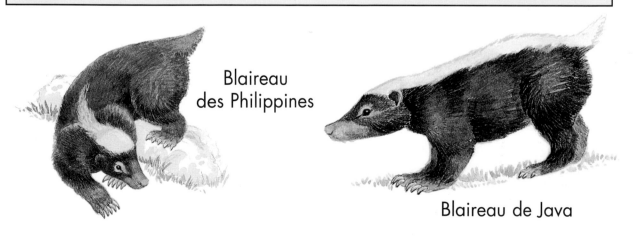

Blaireau
des Philippines

Blaireau de Java

Les traces

Les pistes

Les empreintes de la mouffette signalent les endroits où ses longues griffes se sont enfoncées dans le sol. Les empreintes ci-contre sont celles d'une mouffette rayée, grandeur nature.

L'odeur nauséabonde

Une forte odeur nauséabonde qui flotte dans l'air indique qu'une mouffette vient de passer.

Les excréments

Les excréments sont les déchets évacués par un animal. Ceux de la mouffette dégagent parfois une forte odeur nauséabonde.

Les poils

Lorsqu'une mouffette se glisse dans une petite ouverture, elle y laisse parfois accrochés quelques longs poils noirs ou blancs.

Les trous

Des trous coniques dans une pelouse ou un champ indiquent qu'une mouffette est venue y creuser, en quête de nourriture.

Les mots nouveaux

Charogne : Une charogne est un animal mort.

Gîte : Le gîte d'une mouffette est l'endroit où elle se met à l'abri.

Glandes anales : Les glandes anales de la mouffette produisent une sorte d'huile à l'odeur très forte.

Habitat : L'habitat est le milieu dans lequel un animal vit et se reproduit.

Omnivore : Un omnivore est un animal qui se nourrit de plantes et d'autres animaux.

Portée : Une portée, c'est l'ensemble des petits nés d'une même mère au même moment.

Prédateur : Un prédateur est un animal qui chasse d'autres animaux.

Proie : Une proie est un animal chassé par un autre qui veut s'en nourrir.

Terrier : Un terrier, c'est un trou creusé dans le sol, où la mouffette peut s'abriter.

Index